Für Nettie

FSC
www.fsc.org
MIX
Paper from responsible sources
FSC® C023419

ISBN 978-3-7432-1452-1
1. Auflage 2022
erschienen 2021 unter dem Originaltitel *Tilda Tries Again* bei Bloomsbury Publishing Plc

Aus dem Englischen übersetzt von Sophie Zeitz
Diese Übersetzung von *Tilda Tries Again* wurde nach Vereinbarung mit Bloomsbury Publishing Plc veröffentlicht.

Umschlaggestaltung: Ramona Karl
Printed in the EU

www.loewe-verlag.de

SARAH SCHAFFT DAS

Aus dem Englischen
übersetzt von Sophie Zeitz

TOM PERCIVAL

Loewe

Sarah fühlte sich wohl
in ihrer Welt.

Sie hatte ihre Freundinnen
und Freunde,

ihre Bücher

und ihre
Spielsachen.

Alles war
genau richtig.

Doch eines Tages drehte sich Sarahs Welt …

KUCHI-ZEIT
EIN GROßES ABENTEUER

…AUF DEN
KOPF!

Auf einmal war
alles schief

und nichts fühlte sich mehr richtig an.

Was ihr vorher leichtgefallen war, kam ihr jetzt unendlich schwer vor.

Sarah hatte keine Lust,
ihre Freundinnen und Freunde zu treffen.

Ehrlich gesagt hatte Sarah
zu nichts mehr Lust.

Ihr war alles
zu anstrengend.

Irgendwann gab Sarah auf
und machte …

… GAR NICHTS
mehr.

Eines Tages sah Sarah einen Marienkäfer,
der hilflos auf dem Rücken lag.
Seine winzigen Beinchen zappelten in der Luft.

„Armer Kleiner", sagte sie.
„Bei dir steht alles auf dem Kopf ...

... genau wie bei mir."

Während Sarah überlegte, wie sie ihm helfen könnte, schaukelte und strampelte der kleine Käfer weiter.

Ohne Erfolg.
Sarahs Herz wurde schwer.

Aber der Marienkäfer
versuchte es noch mal.

Und noch mal

und noch mal.

Bis er endlich ...

… wieder frei war.

Sarah dachte nach.

Der Marienkäfer hatte nicht aufgegeben …

… und das würde sie auch nicht!

Sie holte ihre Bauklötze
und versuchte, etwas zu bauen.

Es klappte!

Sarah fühlte sich
ein bisschen besser.

Als Nächstes schlug sie ihr lustigstes Buch auf und lachte, bis ihr der Bauch wehtat.

Dann ging sie zum Spielen raus in den Garten.

Alles fühlte sich zwar immer noch *sehr seltsam* an, aber Sarah gab nicht auf.

Und je mehr sie ausprobierte,
desto mehr schaffte sie.

Da war nur eine Sache,
die ihr immer noch zu schwer erschien …

Sarah blieb vor dem Spielplatz stehen und sah ihren Freundinnen und Freunden beim Spielen zu. Fast wäre sie umgekehrt …

Aber dann dachte Sarah an den Marienkäfer.
War sie auch so tapfer?
Konnte sie es auch schaffen?

Sarah beschloss, es zu versuchen.

Und das war die beste
Entscheidung ihres Lebens.

Obwohl ihre Welt immer noch
ein bisschen schief war, gab Sarah nicht auf.

Und weil sie nicht aufgab,
war ihre Welt weniger schief.

Von diesem Tag an versuchte Sarah immer, wenn ihre Welt auf dem Kopf stand, einfach das Beste daraus zu machen.

Und wenn sie es nicht schaffte?

Dann versuchte
Sarah es noch mal!